ফাগুনে আগুন

অমল ভট্টাচার্য

editionNEXT, Kolkata, India
www.editionnext.com

"**Phagune Agun**" :: A Collection of Bengali Poems by Amal Bhattacharjee

International(USA) Edition

Cover: Uday Bhattacharyya

First Edition: November 2025

Publisher: Mousumi Bhattacharyya
CB 1/1, Baguiati, Kolkata- 59
Website: editionNEXT.com
Facebook: facebook.com/editionnext
Twitter: twitter.com/editionnext
eMail: Link "Contact Us" in editionNEXT.com

উৎসর্গ

এই কাব্যগ্রন্থ আমি আমার পিতা স্বর্গীয় অমরেন্দ্রনাথ ভট্টাচার্যকে উৎসর্গ করিলাম।

ভূমিকা

এডিশন নেক্সট (editionNEXT.com)-এর তাক থেকে যখন কোনো বই বেরোয়, আমরা চাই সেটি শুধু কাগজের পাতা নয়, একটি জীবন্ত সাক্ষ্য হয়ে উঠুক। "ফাগুনে আগুন" আমাদের হাতে এসেছে অমল ভট্টাচার্যের কলম থেকে—যেন এক ঝলক শরতের হাওয়া, যার মধ্যে লুকিয়ে আছে ফাগুনের দাবানল।

এই সংকলনের একটি কবিতা "কাশফুল" পড়েই আমরা থমকে গিয়েছিলাম। ও পাড়ার মঈনুল শরতের সকালে একটুখানি কাশফুল দেখে জীবনের কূল খুঁজে পায়—এই সরলতায় কোনো ভুল নেই। কিন্তু পাড়ায় রটনা ছড়ালে কাশফুলের পাহারায় বসে যায় সমাজ। কাশফুল কি সবার? নাকি কারও জন্য নিষিদ্ধ? অমল ভট্টাচার্য কোনো বড় কথা বলেননি; শুধু দেখিয়েছেন—জানালা বন্ধ হলে মনের দরজা খুলে যায়। চোখ বুজে মঈনুল যখন কাশফুলকে জড়িয়ে বাতাসে দোলে, তখন বুঝি: সৌন্দর্য কখনো বন্দি হয় না।

"ফাগুনে আগুন" নামটি বসন্তের উন্মাদনা মনে করায়, কিন্তু ভেতরে শরতের নরম আলো আর সমাজের কঠিন ছায়া মিলেমিশে একাকার। কবিতাগুলো সংক্ষিপ্ত, কিন্তু প্রতিটি পঙক্তি একেকটি আয়না। প্রকৃতি এখানে মানুষের অভ্যন্তরীণ সংগ্রামের প্রতীক। আমরা বিশ্বাস করি, এই বই পড়লে আপনি শুধু কবিতা পড়বেন না—নিজের জানালাটি খুলে দেখবেন, কাশফুল এখনো দোলছে কি না।

অমল ভট্টাচার্যের এই প্রথম সংকলন প্রকাশ করতে পেরে editionNEXT.com গর্বিত। আশা করি, এটি আপনার মনের নীড়ে কাশের স্নিগ্ধতা এনে দেবে।

— প্রকাশক।

সূচিপত্র

সূচিপত্র

মা এসেছে

এসেছে এসেছে মা এসেছে,
পা'য়ে হেঁটে মা এসেছে,
মা এসেছে ছেঁড়া আঁচলে,
অপুষ্টিতে মায়ের চামড়া গেছে ঝুলে।

দেখো দেখো মা দাঁড়িয়ে দ্বারে,
মা, তুমি খুঁজে বেড়াও কারে?
চিনতে পারছো কি আমাকে?
আমিই সেই, জন্ম দিয়েছিলে যাকে।

এসেছে এসেছে মা এসেছে,
সর্বাঙ্গে তার রাজনীতির ছায়া ছেয়েছে,
মায়ের ত্যাগ, মায়ের নিষ্ঠা, মায়ের মমতা,
সব করেছে চুরি দেশের কিছু রাজনেতা।

রানু বানু সানু দেখ কে এসেছে,
শক্তির আধার আমার মা এসেছে,
মা এসেছে আশীষ দিতে সবে,
জানিনা আবার মা'কে দেখব কবে।

বাবা, থাকুক আমাদের সাথে ঠাম্মা,
আমাদের সাথেই তো আছে আমাদের মা,
তুমি কেন থাকো মা'কে ছাড়া?
চলো শক্তির পা'য়ে লুটিয়ে পড়ি
আছি আমরা যারা।

বিবেক

তারারা আকাশে আজও মিটিমিটি জ্বলে,
তাপে আজও বরফ যায় গলে।
সূর্যের প্রখর তাপে শুকায় নদী নালা,
রাস্তার ধারে শব দেহ পচা গলা।

বিবেক সবাই রেখেছে পুঁতে রক্ত নালার ভীড়ে,
শূন্য বিবেকে ঘুরছে, হয়ে হাড় জিরজিরে।
সবার মুখেই লাগানো মুখোশ শক্ত,
মুখোশ সব ভাবলেশহীন, নেই যে রক্ত।

প্রতিশোধ নেবো না, বলে না মুখ,
মুখোশ নেয় প্রতিশোধ, ছড়ায় অসুখ।
মুখ আর মুখোশের পার্থক্য বোঝা দায়,
দুয়ের মাঝে পরে বিবেক করে হায় হায়।

যায় না শোনা বিবেককে,
চির নিদ্রিত সে রক্ত নালাতে।
চিড়ে ফেলো বুক, বিবেক জাগাও,
মুখোশ খুলে এবার মুখ দেখাও।

আমাদের দুর্গা

স্বর্গের দুর্গা, আমাদের কল্পনা,
মর্ত্যের দুর্গা, বাস্তব ঘটনা।

স্বর্গের দুর্গা, আগমনে আনন্দে আটখানা,
মর্ত্যের দুর্গা, আগমনে সাংসারিক যন্ত্রণা।

স্বর্গের দুর্গা, দশভুজে সজ্জিত অস্ত্রে মারছে অসুর,
মর্ত্যের দুর্গা, সমাজ যন্ত্রণায় মরতে করেনা কসুর।

স্বর্গের দুর্গা, শেখেনি কিছুই খেতে,
মর্ত্যের দুর্গা, নেই খাবার পাতে।

স্বর্গের দুর্গা, বিপত্তারিণী জগজ্জননী,
মর্ত্যের দুর্গা, ক্ষুধার্ত ধর্ষিতা রমণী।

স্বর্গের দুর্গা, আগমনে কাশফুল নাচে,
মর্ত্যের দুর্গা, আগমনে উলুধ্বনি বাজুক
আমাদের সভ্য সমাজের আনাচে কানাচে।

আমার কলম, তোমার কণ্ঠ

আমি কবিতায় জীবনের ছবি আঁকি,
কণ্ঠে আমার সুর আসা বাকি।
শব্দকে সাজাই জীবনের মতো করে,
গানের কলিতে যাবে কি সেই শব্দ সরে?

ভয় আমার কণ্ঠে,
বাজুক গান তোমার ওষ্ঠে।
আমার কবিতায় সুর দিও তুমি,
সেই সুরে যেন খুশী হন মাতৃভূমি।

আমার কবিতা, তোমার সুর,
আমার কলম, তোমার কণ্ঠ,
মিলেমিশে হোক মানবতার সুর,
সেই সুর যাক পৌঁছে দূর থেকে দূর।

মায়েরা ভালো থাকে না

ডাক্তার যখন বলেন, আপনার মা ভালো নেই,
এই পৃথিবীতে কিছুদিনের অতিথি তিনি।
রাগে, ক্ষোভে আর অব্যক্ত যন্ত্রণায় মনটা ভারি হয়,
ভাবতে থাকি, শুধু আমার মা কেন,
পৃথিবীর কোনও মা কখনও কি ভালো থাকে?

মায়েরা কখনও ভালো থাকে না,
আমি, আপনি কেউ মায়েদের ভালো থাকতে দিইনা।
সেই গর্ভাবস্থা থেকে আজকের অন্তিম শয্যা,
প্রথম থেকে শেষ শুধুই তাঁর দেওয়ার পালা।

নিজের শরীরের রক্তের বিনিময়ে
আমাদের তৈরী করা,
স্নেহ, মমতা দিয়ে আমাদের বড় করা।
অসুস্থ হলেই তার শরীরের মায়ায়
আমাদের মাখিয়ে নেওয়া,
নিজেকে ক্ষুধার্ত রেখে
আমাদের মুখে গ্রাস তুলে দেওয়া।
মা আমাদের জীবনের প্রথম শিক্ষিকা,
তার হাসি দেখে হাসতে শেখা,
তার ভাষাতেই বলতে শেখা।

মায়েদের আমরা ভালো থাকতে দিইনা,
মায়ের কাছেই আমাদের যত বায়না।
আজকে পুতুলের বিয়ে, টাকা দাও,
সিনেমা দেখতে যাব, টাকা দাও,
বাবাকে বলোনা।

মা, প্যান্ট ছিঁড়ে গেছে, চটিটা ক্ষয়ে গেছে,
মা, একটা মোবাইল কিনে দাও,
মেলায় যাব বন্ধুদের সাথে, কিছু তো দাও,
শুধু দাও, দাও আর দাও।

মা আমাদের সবার কাছে,
ধনী, দরিদ্র সবার কাছে যেন কল্পতরু।
মা আমাদের দেবে, সারা জীবন দিয়ে যাবে,
বাবার রাগ, অভিমান সেটাও সামলাবে।
তুমি তো মা, এটুকু তোমাকে করতেই হবে।

এটুকু করতে করতেই মায়ের বুকে ব্যথা হবে,
মুখের বলিরেখা স্পষ্ট হবে,
মায়ের শরীরের চামড়া কুঁচকে যাবে,
কোঁচকানো চামড়া আর প্রত্যেক বলিরেখা
বলে যাবে মায়ের অব্যক্ত বেদনার কাহিনী।

মা, শুয়ে আছে, পেটে খাদ্য নেই,
মুখে স্মিত হাসি আছে, হাসিতে চমক নেই,
বুক ওঠানামা করছে, শরীরে শক্তি নেই।

সব নেই যখন মায়েদের ঘিরে ধরে,
মা কে জিজ্ঞেস করো, তুমি কি চাও?
অস্ফুট স্বরে মায়ের স্নেহ মাখা মমতা জড়ানো
ঠোঁট দুটো কেঁপে কেঁপে বলে উঠবে,
তুই আমার সামনে থাক, তোকেই দেখতে চাই।

এটাই পৃথিবী

আমি নারী, নিংড়ে দিই নিজেকে,
আনন্দ আমার জন্মে,
আনন্দ আমার নৃত্যে,
আনন্দ আমার চলনে, বলনে,
আনন্দ আমার যৌবনে,
আমিই মুখ্য বিবাহবাসরে,
আনন্দ আমার শয়নে,
বহু প্রতিক্ষিত ফুলশয্যাতে!
আমি মহান বিছানায়,
আবার আমিই মহান
সংসারের কোনায় কোনায়।

আনন্দ আমার মাতৃত্বে,
আমি ভোগে, আমিই নির্যাতনে,
আমি নারী, নিংড়ে দিই নিজেকে।

আমি পুরুষ, কম কিসে?
আমিই যদি না দেখি
তোমার রূপ, তোমার নৃত্য,
তোমার ছলাকলা অহর্নিশি,
কোথায় লুকাবে রূপের ডালি?
আমি আছি তাই তুমি মা,
আমার জন্যই তুমি পৃথিবীতে মহীয়সী,
আমার চওড়া বুকের লোমশ প্রাঙ্গণে,
তোমার হাসি কান্নার আনাগোনা।
সত্যিই তুমি বিছানায় মহান,
তবে পুরুষ ছাড়া সে বিছানা শ্মশান।
আমার জন্যই তুমি এত সুন্দর,

আমার জন্যই তুমি নারী,
তোমার জন্যই আমি পুরুষ।
তোমাতে আমি, আমাতে তুমি,
এটাই পৃথিবী।

সেদিন রাতে

সেদিন রাতে যখন উদভ্রান্তের মতো
আমার ঘরে ঢুকেছিলে,
তোমার চোখের দিকে তাকিয়েই বুঝেছিলাম,
বহুদিন, বহুমাস কিংবা কয়েক বছরের ক্ষুধায় জর্জরিত এক পুরুষ তুমি।

সময় নাওনি নিজে, সময় দাওনি আমাকে,
মূহুর্তে রচিত হয়েছিল তোমার
ক্ষুধার আলপনা আমার শরীর জুড়ে।
আলপনার শেষে তোমার
নিস্তেজ শরীর টা মুখ ঢেকেছিল
আমার নগ্ন বুকে।

একটু পরেই,
ভোরের আলো ফোটেনি তখনও,
আমাকে বললে, কাপড় জড়িয়ে নে রে নষ্টা,
তোমার উদার ব্যবহারে মুগ্ধ হয়ে ভেবেছিলাম
কি অপরূপ তোমার স্রষ্টা!

মনে রেখো

হারিয়ে গেছে অনেক কিছু,
লাভ নেই দৌড়ে তাদের পিছু।
হারানো দিনগুলো ফিরবে না আর,
সুখের স্মৃতি সব আঘাত করবে বারংবার।

দুঃখের স্মৃতিগুলো চলে যাবে ইতিহাসের পাতায়,
মনে সেসব পড়বে যদি লেখো কবিতায়।
হারিয়ে গেছে চঞ্চলতা,একতা আর মিত্রতা,
সবাই খোঁজে আজ কেবলই সফলতা।

সফলতা মানে আজ দৌড় আর দৌড়
সকাল থেকে সাঁঝে,
নেই সময় দেবার সময়
আপনাদের মাঝে।

আপন এর মানেও আজ গেছে বদলে,
আপনেরা সব গেছে ডুবে কালের অতলে।
শিক্ষা মানে আজ শুধুই সার্টিফিকেট,
কণ্ঠে শোভা পায় অহংকারের লকেট।

দেশভক্তির সংজ্ঞা জানিনা কেউ,
আমরা রাজনীতিকদের ফেউ।
ভাঙে হাত, ভাঙে পা, ভেঙে যায় মন,
রাজনীতিকদের তবুও লাগাই তেল মণ মণ।

ওঠো বন্ধু বদলাও বেশ,
মনে রেখো সবার উপরে দেশ।

তুমি বুঝলে না

তুমি বড়োই অভিমানী,
তুমি নদী স্রোতস্বিনী।
তুমি আমার স্বপনচারিণী,
তোমাতে তুমি রূপনন্দিনী।

নিশীথে ডুবেছি স্বপনে,
রেখেছি সাজায়ে যতনে।
আসো নাই তুমি এ দ্বারে,
সাজানো স্বপনের কথা শুনিবারে।

নিজেই থেকেছো নিজেতে মগ্ন,
নিজেকে করিনি তোমার সমুখে নগ্ন।
বোঝো নাই তুমি আমার চোখের ভাষা,
বারংবার ভালোবাসা আমার হারায়েছে বাসা।

বাঁকা চোখে তোমাকে তাকাতে দেখেছি,
দেখেছি ঠোঁটের দুষ্টু হাসি,
ভেবেছি আমি তোমার হৃদয়ে আছি।
কালোরাত করে ডাকাডাকি,
স্বপ্নেরা করে হাঁকাহাঁকি,
আমি আমাতে শুধু একাকী।

নারী তুমি কেঁদো না

কাকে বলে গণতন্ত্র বুঝি না,
সুস্থতা কোথাও দেখি না।
কোথাও কাঁদে ক্ষুধার্ত মা,
কোথাও কিশোরীর পরনে নেই জামা।

মায়ের কোল নিমেষে হয়ে যায় খালি,
মায়ের দরিদ্র সন্তান হয়ে যায় ভোটের বলি।
নারীরা শুনেছি অসীম শক্তির অধিকারীনি,
তবু আজও সমাজে তাদের নিপীড়ন বন্ধ হয়নি।

আজও নারী সমাজে ব্যবহৃত পণ্য রূপে,
নারী পূজিত পণ্যের বিপননে নানা ধূপে।
নানা পণ্যের বিপননে নারীই ভরসা,
পণ্য বিক্রিতে নারীর নগ্নতাই জাগায় আশা।

হাসিমুখে নারী এসব নিচ্ছে মেনে,
তার লজ্জা হবে উন্মোচিত সেটাও জেনে।
কোন পণ্যের বিক্রিতে পুরুষের লজ্জা হয় উন্মোচিত?
নারীর মনে এ প্রশ্ন কেন কেন সুপ্ত?

নারী মুখেই বলে চাই সমান অধিকার,
নারীর জন্যই নারীর উপর এত অত্যাচার।
নারীর উপর অত্যাচারের প্রতিবাদে যেদিন নারীর হাত উঠবে,
সেইদিন মা কে উলঙ্গ করে রাস্তায় হাঁটাতে কুলাঙ্গার পুরুষ কাঁপবে।

নারীর সম্মানের জন্য নারীকেই করতে হবে লড়াই,
অথচ নারী, নারীর সাথেই লড়াই করে, করে নিজেদের বড়াই।
ক্ষমতার লোভে আজ মায়েদেরকে করছে যারা উলঙ্গ,

মায়েদের নয়নের স্ফুলিঙ্গে পুড়ে যাক তাদের অঙ্গ প্রত্যঙ্গ।

এমন কোনো নেতা নেই যে দুর্নীতিগ্রস্ত নয়,
তাইতো মায়েদের নগ্ন করার সাহস হয়।
সাংবিধানিক পদাধিকারী যেদিন দলের উর্ধ্বে উঠবে,
আমজনতা সেদিন সুশাসনে হয়তো হাসবে।

নারী তুমি কেঁদো না,
তোমার শক্তিকে তুমিই চেনো না।
তোমার জন্য তোমাকেই হবে লড়তে,
তোমার অধিকার তোমাকেই হবে ছিনিয়ে নিতে।

নৌকা আর জীবন

নৌকা চলে ঢেউয়ের তালে,
জীবন চলে নেতার চালে।
নৌকার তালে অঙ্গ দোলে,
জীবন দোলে নেতার ছলে।

নৌকা বিহার করি যখন,
হাওয়ায় ওড়ে চুল তখন।
মাথায় যার নেই চুল,
স্পষ্ট শোনে নদীর কুলকুল।

নেতার হাতে জীবন যখন,
টেপায় মাথা যখন তখন।
ঘরের বাজার, নেংটি ধোলাই,
সেসবও করতে হয় মাঝে মাঝেই।

নদীর খেয়ালে নৌকা চলে,
মাঝি গান গেয়ে নদীর সাথে কথা বলে।
গান শুনে নদী হয় যদি খুশি,
নৌকা খাবেনা দোল বেশি।

নেতা যদি খুশি হয় তোমার
তোমাকে দিয়ে মাথা টেপায়,
তুমি চুরি ডাকাতি ধর্ষণ করেও
পেয়ে যাবে বাঁচার উপায়।
জানেনা কেউ নদী আর নেতা
কখন হবে ভয়ংকর,
যাতে জীবন ধারন হবে দুষ্কর।

নতুন ভারত

আগে চিন্তা করো
তুমি কে? তুমি কোথা থেকে এসেছ?
চিন্তা করো
তুমি কি করতে চাইছ?
তুমি কি বলতে চাইছ?

মনে রেখো
তুমি এসেছ এক নারীর গর্ভ থেকে
তিনি তোমার মা, হ্যাঁ শুধুই মা,
তিনি নন "হিন্দু মা"
তিনি নন "মুসলমান" কিংবা "খ্রিস্টান মা",
আসলে মায়েদের তো কোনও জাত নেই।

কিছু ব্যবস্থা
তোমাকে "হিন্দু" অথবা "মুসলমান" বানাল।
সেই ব্যবস্থার হাতের পুতুল হলেই মুশকিল,
জাত, ধর্ম কখনও খোয়া যায় না,
কোনও ধর্ম অন্য ধর্মে
আঘাত হানতে বলে না।

কেন বলবে? কিভাবে বলবে?
সব ধর্মই যে মানব কল্যাণের কথা বলে।
রাজনীতির ব্যাবসা করে যারা
তাদের লোভ,মোহ, বিলাসিতা চরিতার্থ করতে,
ধর্মের সাথে ধর্মের যুদ্ধ বাধায় তারা।

তুমি তো লেখোয়াড়
চোখ কান মস্তিষ্ক নেই তোমার?

কোনও কালে, কোনও ক্ষণে
ধর্ম পড়েনি সংকটে।
যুগে যুগে সংকটে পড়েছে
মানুষ, শুধুমাত্র মানুষ।

সেই সংকটাপন্ন মানুষগুলোর কেউ হিন্দু নয়,
মুসলমান নয়, বৌদ্ধ কিংবা খ্রিষ্টান নয়।
সংকটে পড়েছে ওদের শিক্ষা, স্বাস্থ্য, চাকরি,
সংকটে পড়েছে ওদের বেঁচে থাকার অধিকার।

এ কোন ইতিহাস রচনা করতে চলেছ?
যে ইতিহাস পরবর্তী প্রজন্ম পড়তে বসে
ঘৃণায় থুতু ফেলবে, ভয়ে শিউরে উঠবে,
ঘৃণার ইতিহাস পড়ে কেউ কেউ অসুস্থ হবে,
ত্যাগ করো এ হিংস্র রচনার তরোবারি,
মন্দির, মসজিদ, গীর্জার সাথে চলো এগিয়ে চলি।

আমি তুমি পুজো করব,
ওরা পড়বে নামাজ,
তারা করবে প্রার্থনা,
বিজ্ঞানের সাথে চলুক ভাবনা,
এমনই হোক নতুন ভারতের আয়না।

আস্তে লেডিস

আস্তে লেডিস, কোলে বাচ্চা আছে।
শুধু তো কোলে নয়,
পেটেও একটা আছে,
আছে ধরা হাতেও একটা,
বাকী আরও প্রহর গুণছে।

আস্তে লেডিস, কোলে বাচ্চা আছে।
কোলে বাচ্চা আছে তাই,
বাস চলবে আস্তে,
দাঁড়াবে অনেকক্ষণ।
দিতে হবে ভাত পেটভরে,
মাথার উপরে চাই ছাদ,
যাতে বৃষ্টিতে মাথা না ভেজে।

আস্তে লেডিস, কোলে বাচ্চা আছে।
বাচ্চা নিয়ে যাবে মিছিলে,
আঁচলে বাসি রুটি নিয়ে।
কিছু বুঝুক বা না বুঝুক,
শহরটাতো বিনামূল্যে ঘোরা যাবে।
মিছিলে যাওয়া আঁচলে রুটি বেঁধে,
গরীবের স্ট্যাটাস সিম্বল হয়েছে।

আস্তে লেডিস, কোলে বাচ্চা আছে।
বাচ্চাগুলোর যায় দেখা,
শরীরের খাঁচা।
তাতে ওদের কিছু আসে যায় না।
দাবী এদের অনেক আছে,
দেশের কাছে।
শুধু পারে না দিতে কিছু দেশকে।
বছর বছর শুধু বাড়িয়ে চলে
নতুন মুখের সারিকে।

দেবী নিরাময়ী

বক্তব্য রাখতে মঞ্চে এসেছেন নিরাময়ী দেবী।
হ্যাঁ, প্রথিতযশা ডাক্তার তথা সমাজসেবী,
দেবী নিরাময়ী।

দীর্ঘ চল্লিশ বছরের কর্মজীবনের আজ
আনুষ্ঠানিক সমাপ্তি।
আনুষ্ঠানিক এই কারণেই বলা,
কারণ নিরাময়ীরা কখনও বিশ্রাম চান না
আর চাইলেও বিশ্রাম নিতে পারেন না।

সমাজের রোগ নিরাময়ে নিজেদের লয় করে দেন এই নিরাময়ী দেবীর মতন ডাক্তাররা।
চলুন একটু শুনে নিই ওনার বক্তব্য,
আজকের প্রেক্ষিতে উনি কি বলেন, শোনা যাক।

তখন আমি কিশোরী,
উচ্চ মাধ্যমিকে ভালো ফল করেছি।
ভালবাসতাম বায়োলজী।
চোখে একরাশ স্বপ্ন ডাক্তার হবো।
কিন্তু ডাক্তার হওয়া বললেইতো হওয়া যায়না। জয়েন্ট দিয়ে পেলাম সুযোগ,
কিন্তু সমুখে অর্থের দুর্ভোগ।
হঠাৎ জানিনা কোথা থেকে কি হয়ে গেল,
আমার বাবার এক ধনী বন্ধুর ছেলের সাথে
আমার বিয়ে হয়ে গেল।
তারাই আমাকে পড়াতে রাজী হলো ডাক্তারী।

তারপর কোথা দিয়ে চল্লিশ বছর

কেটে গেলো বুঝতেই পারিনি।
কবে আর কিভাবে সংসার আর ডাক্তারীর শিক্ষকতা মিলেমিশে একাকার হয়ে গেছে
টের পাইনি।

কবে যে ছাত্ররা আমার পুত্র সন্তানের জায়গা নিল, আর ছাত্রীরা নিয়ে নিল কন্যা সন্তানের জায়গা বুঝতেই পারিনি।
ডাক্তারী কোনও পেশা নয়,
ডাক্তারী আসলে একটা ধর্ম,
সেবার ধর্ম, জীবনদানের ধর্ম।

সাক্ষাৎ ভগবানকে আমরা তো কেউ দেখিনি কিন্তু শিক্ষিত, অশিক্ষিত,
ধনী, দরিদ্র সবার চোখে ডাক্তারই হচ্ছে ভগবানের দ্বিতীয় রূপ।
তাই বলছি, এটাকে কেউ শুধুই পেশা ভেবে অর্থের পিছনে ছুটে বেড়িওনা।

মনে রাখবে, পেট চালাতে ডাক্তারী পেশা,
বাকিটা ধর্ম।
যখনই শুনি কোনও ডাক্তার কোনও রুগীর করেছে শ্লীলতাহানি,
তখনই মনে আসে নানা গ্লানি।

ভগবানের পরেই সমাজে তোমাদের স্থান।
ছোট, বড়, ধনী, দরিদ্র, উচ্চ, নীচ
সবাইকে করবে সম্মান।
তখনই দেখবে তোমার নিজের কাছেই
তোমার বেড়ে গেছে মান।
সবাই ভালো থাকবে,
আবার বলছি ডাক্তারীকে
নিজের ধর্ম মানবে।

চল্ ঝুম্পা

ঝুম্পা চল্ মিছিলে যাই,
করিস না শুধুই খাই খাই।

কি করে বল্ মিছিলে যাই?
মায়ের জন্য যে ওষুধ চাই,
কাল থেকে পেটে খাবার নাই।

এই ঝুম্পা চল্ মিছিলে যাই।
মাথার উপরে রোদ্দুর,
অত্যাচারিতের মিছিল
যাচ্ছে দেখা দূর থেকে দূর।
তবুও পেটের তাগিদে
চল্ ঝুম্পা মিছিলে যাই।
চারদিকে শুধুই নাই নাই,
শিল্প নাই, শিক্ষা, স্বাস্থ্য কিছুই নাই।
চল্ ঝুম্পা মিছিলে যাই।

আমার যে বাবা নাই,
আছে ক্ষুধার্ত মা একটাই।
তার জন্য ওষুধ চাই, খাবার চাই।
মিছিলে অনেক হেঁটেছি,
হাঁটতে হাঁটতে বাবাকে হারিয়েছি।
এখন আবার, খেলা হবে শুনছি,
মিছিলে যাবো না বলছি।

চল্ ঝুম্পা যাই মিছিলে,
তোর দুঃখ বলবি খুলে।
পায়ে পায়ে উড়বে ধুলো,

তুলে ধরবি তোর প্রতি অপমান
আর অত্যাচারের কাহিনীগুলো।
ভুলে যা তুই খাবার কথা,
ঝুম্পারা জেগেছে যথাতথা।
চল্ ঝুম্পা মিছিলে যাই।

না,মিছিলে যাবো না,
মিছিলে গিয়ে কিছুই হবেনা।
নামবো আমি মাঠে,
শয়তানরা সব পালাবে গোঠে।
আমার কথায় ঝরবে আগুন,
আমার কাজে জাগবে ফাগুন।
আমি ঝুম্পা আনব নতুন সকাল,
তোরা দেখবি স্নিগ্ধ বিকাল।

আমি অঙ্কের ষোল

জন্মেছি কবে, নেই মনে,
জেনেছি তারিখ শুধু,
অপরের মুখে মুখে।
জানিনা তখন প্রকৃতি কেমন ছিল,
মেঘে মেঘে সময় যে বেশ হলো,
এখন আমি অঙ্কের ষোল।

খেলেছি মায়ের কোলে,
কেটেছি সাঁতার পুকুরে।
আমের বনে কত কুড়িয়েছি আম,
জাম বনেতে জাম।
বাবার খেয়েছি কত কানমলা,
সেসব এখন স্মৃতিতে ধরা।
মেঘে মেঘে বেলা বয়ে গেলো,
এখন আমি অঙ্কের ষোল।

থাকতাম সদা হাসিতে,
খেলতাম ছেলেমেয়ে সবার সাথে।
বুঝতেই পারলামনা বড় হলাম কিভাবে,
সমাজ আজ অন্য লোভাতুর চোখে দেখে।
বসন্তের মন কেমনকরা দিনে কিম্বা রাতে,
পারি না নির্ভয়ে শ্বাস নিতে কিম্বা চলতে।
মেঘে মেঘে বর্ষা কত হলো,
এখন আমি অঙ্কের ষোল।

আমি আসিনি কল্পলোক থেকে,
আমিও এসেছি বাবা মা এর মিলনে।
মেয়ে বলে কেন দেখ লোভাতুর চোখে?

আমি মানুষ, তুমিও মানুষ,
তবে কেন খাও লোভাতুর চোখে,
এমন কি আছে আমার জৌলুস?
মেঘে মেঘে শৈশবের জৌলুস গেলো,
এখন আমি অঙ্কের যোল।

রুদ্ধ হোক তোমার অহংকার,
বলে না তো খুলতে মনের দ্বার।
বলো কেবল,
পোশাক খোলো,পোশাক খোলো,
আমি যে নির্বাক অঙ্কের যোল।

বেলা শেষের বেলা

মেঘে মেঘে হলো যে অনেক বেলা,
এই হয়ে যাওয়া বেলা শুধু
সময়েরই খেলা।
মেঘের সাথে বিদ্যুতের
লুকোচুরি খেলা,
রৌদ্রের সাথে ছায়ার
জড়িয়ে মায়া খেলা,
চলার পথে,
ছন্দের সাথে ছন্দহীনের খেলা,
মেঘে মেঘে হলো যে অনেক বেলা।

বাকি থেকে গেছে কতো কথা বলা,
গেছি ভুলে বলতে কতো বেদনার কথা,
বেদনার সাথে চলে সময়ের খেলা।
হামাগুড়ি দিতে দিতেই
হঠাৎ কখন শিখেছি হাঁটতে,
সময়ের সাথে সময়ের খেলায়
সব গিয়েছি ভুলে।
শৈশবের নির্মলতা কখন
যে সময় নিল কেড়ে,
মনের দ্বিধায় এখন শুধুই
যাই মাথা নেড়ে।
বাকি থেকে গেছে
কতো কথা বলা,
মেঘে মেঘে হলো যে অনেক বেলা।

প্রতিপদে চলে জীবন্মৃত্যুর খেলা,
জীবনে বেঁচে থাকা এক আশ্চর্য খেলা।

এই খেলায় আমরা ঘুরি কতো মেলা,
ন্যায়, অন্যায়, সত্য, মিথ্যায়
ঘেরা সে মিলনমেলা।
স্বার্থের সাথে চলে ত্যাগের কপট খেলা,
কালের ছোবলে ত্যাগের করুন বেলা।
চিতা হাঁ করে আছে গিলতে সব খেলা,
এঁকে যাই জীবন আলপনা,
এ যে বেলা শেষের বেলা।

কালো সিঁদুর

বিয়ের ত্রিশ বছর পরেও
সিঁদুর পরার সময় পূর্ণিমার হাত কাঁপে।
কাঁপা কাঁপা হাতে পূর্ণিমা
স্বামীর মঙ্গল কালনায় সিঁদুর পরে।

বিয়ের পর কয়েক মাস সিঁদুর পরতে
তার হাত কাঁপেনি,
কয়েক মাস অবধি স্বামীর
মানসিকতা বোঝা যায়নি।

কয়েক মাস পর থেকেই
লাল সিঁদুর মনে হত যেন
কালো দুর্গন্ধ যুক্ত এঁটেল মাটি,
সেই দুর্গন্ধ কাঁপিয়ে দিত পূর্ণিমার দাঁত কপাটি।

সিঁদুরের প্রতি কণায় লেগে থাকে
প্রাত্যহিক অত্যাচারের কাহিনী,
লেখা থাকে কতো অনুচ্চারিত
কাহিনীময় যামিনী।

অর্ধভুক্ত, শীর্ণকায় নারীর যন্ত্রণাময়
জীবনের প্রতিভূ এই এক চিলতে সিঁদুর,
যার সৌখিন ঔজ্জ্বল্য লোকে
দেখবে দূর থেকে দূর।

কালের নিয়মে সেই সিঁদুর
আজ কালো এঁদো গন্ধে ভরপুর,
শীর্ণকায় নারীর সঙ্গী কালো সিঁদুর
আর একলা একঘেয়ে নির্জন দুপুর।

আমিও হাঁটিনি

আমি এক নারী
যে কোনও নামে ডাকতে পারো আমাকে,
রাধা, পূর্ণিমা, রেহানা কিংবা এনা।
যে কোনও নামে।

আসলে নারী মানেই তো সর্বংসহা,
লজ্জার ধ্বজা, কুসংস্কারগুলো
চাপিয়ে দেওয়ার এক আস্তানা।
যুগ যুগ ধরে নারী আজও বন্দী,
সেই নারীত্বের মোহময়ী জালে।

সেই জাল ছিঁড়ে বেরিয়ে আসতে
নারীরা সেরকম ভাবে কোনও আওয়াজ করেনি,
যে আওয়াজে স্বর্গ থেকে পাতাল
কেঁপে উঠতে পারে,
যে আওয়াজে আকাশ থেকে বলাকারাশি
ঝরে পড়তে পারে,
তবুও যেটুকু মুক্তি নারীদের মিলেছে
তা ঐ পুরুষের কল্যাণে।

সতীদাহ প্রথার বিরুদ্ধে কোনও রকম
বজ্রকঠিন আওয়াজ নারীরা তোলেনি।
হাসতে হাসতে পতির চিতায় হয় শুয়ে জ্বলে গেছে, কিংবা বাঁচার জন্য
গগনভেদী চিৎকারে
আকাশ বাতাস ভরিয়েছে।

সার্বিক ভাবে, সমস্ত নারীদের এই যন্ত্রণার
হাত থেকে মুক্তি দিতে আওয়াজ তোলেনি।
শেষে, রাজা রামমোহনের অক্লান্ত লড়াইয়ে

নারী সেই যন্ত্রণার হাত থেকে মুক্তি পেয়েছে।

হাসি পায়, খুব হাসি পায়
যখন দেখি নারীরা রামের পূজা করছে।
ঐ কাপুরুষ রামের জন্যে সীতা গিয়েছিল পাতালে।

প্রজাদের অনৈতিক দাবির কাছে
শির নত হয়েছিল রামের।
সেদিন নারীজাতির এক কলঙ্কিত দিন।
সীতা, নির্বিবাদে মেনে নিলেন রামের আদেশ,
একটা বারের জন্য কোনও প্রতিবাদ নেই।

সেদিন যদি সীতার বজ্রকণ্ঠে ধ্বনিত হতো প্রতিবাদের ভাষা, নীল
নীলিমায় চমকে উঠত বিদ্যুৎ, বলাকারা মাটিতে এসে রামকে বলতো
পারোনা তুমি এমন আদেশ দিতে, সীতা আমাদের মেয়ে।
সীতাকে যদি অগ্নিপরীক্ষা দিতে হয়
তবে তোমাকেও তা দিতে হবে।

কিন্তু তা হয়নি, সীতা কোনও প্রতিবাদ করেনি,
এমনকি সীতার জন্যে
অন্য নারীরাও এগিয়ে আসেনি।
এক অন্যায়ের কাছে সেদিন শুধু সীতা নয়
পুরো নারীজাতি করেছিল আত্মসমর্পণ,
আবার সেই নারীই করছে রামের পূজন।

দুর্যোধন যখন বস্ত্রহরণ করছিল দ্রৌপদীর,
সেদিন কোনও নারীর আওয়াজ শোনা যায়নি।
দ্রৌপদীর গগনভেদী আকুতিতে
কোনো নারী সাড়া দেয়নি।
সেদিন থেকেই শুরু হলো প্রকৃত ধর্ষন,
ইচ্ছার বিরুদ্ধেও নারীকে শোষন।
শেষে শ্রীকৃষ্ণের দয়ায় দ্রৌপদী রক্ষা পেলেন
চরম লাঞ্ছনার হাত থেকে।

বর্তমান সমাজ চলেছে
অতীতের সাথে তাল মিলিয়ে।
আজও কোনও নারীকে অন্যায়ের বিরুদ্ধে
এগিয়ে আসতে দেখা যায় না সেভাবে।
আজও নানা কুসংস্কার
চাপিয়ে দেওয়া হয় ঐ নারীদের উপরে।

তুমি বিধবা অতএব তুমি শুভকাজে ব্রাত্য,
তোমার ঋতুস্রাব হয়েছে, তুমি রান্নাঘরে ঢুকবেনা,
তুমি সন্তানসম্ভবা, সন্ধ্যায় ঘরের বাইরে যাবেনা,
তিন তালাকের দোহাই দিয়ে এখনও চলছে বহুনারী শোষণ, শোষকের দল উগ্রে দিচ্ছে বিষ এখনও তালাকের সমর্থনে, মানতে চাইছে না বিচারের রায়।

সাবধান হও সব নারীজাতি, ধর্ম নির্বিশেষে।
এসব হচ্ছে কুসংস্কার,
আরো আরো কতো কতো কুসংস্কারের
বলি আজও ঐ নারী।

অথচ এইসবের বিরুদ্ধে কত সুন্দর ভাবে
নীরব সর্বংসহা নারী।
কোনও নারীকে দেখিনি
এসবের বিরুদ্ধে মুখ খুলতে,
দেখিনি কোনও নারীকে
এসবের বিরুদ্ধে রাজপথে মিছিল করতে,
না দেখিনি কোনও নারীকে
এসবের বিরুদ্ধে বক্তৃতা করতে,
এমনকি মোমবাতি নিয়ে হাঁটতে দেখিনি
কোনও নারীকে এইসব অন্যায়ের বিরুদ্ধে।
হ্যাঁ, স্বীকার করছি আমিও
হাঁটিনি মোমবাতি হাতে।

গ্রাম বাংলা

গ্রাম বাংলা, গ্রাম বাংলা কেমন আছ তুমি?
পুকুর ও সবুজে ঘেরা তাইতো তোমায় চুমি।
তোমার আকাশ, তোমার বাতাস বড়ই নির্মল,
তোমার কোলে থাকা লোকেরা করেনা ছল।

না রে বাছা, সেসব দিন আর নাই,
আমি থাকি ভয়ে, বুঝি পুকুর হারাই।
মাটি ফেলে পুকুর বোজায়,
ব্যবসা করে লাভের আশায়।
গ্রামের স্বাস্থ্য হচ্ছে খারাপ, দেখার কেউ নাই,
মুখ বুজে এসব অত্যাচার সয়ে যাই।

আগের মতো সবুজও গেছে হারিয়ে,
চাষ ছেড়ে অনেকেই গেছে পালিয়ে।
বাকি যারা আছে আমার কোলে,
নেই কেউ তারা ভাতে ঝোলে।
পুরুষগুলো অনেকেই করে নেশা,
পড়াশোনা ছেড়ে দাদাগিরি পেশা।

বুঝলে বাছা, বুকে আমার অনেক কষ্ট জমে,
সেসব তোমায় বলব ক্রমে ক্রমে।
ছেলেপিলের শরীর খারাপে চিকিৎসা নাই,
স্বাস্থ্যকেন্দ্র থাকলেও ডাক্তার কোথায় পাই?
বিদ্যালয়ে ছাত্র থাকলেও শিক্ষিত শিক্ষক নাই,
কোথাও কোথাও দুপুরের খাবার যাচ্ছেতাই।
লুটেপুটে খেতে দাদারা সব ব্যস্ত,
তাদের ভয়ে গ্রামবাসী সব ত্রস্ত।

গ্রাম বাংলা, গ্রাম বাংলা এবার তুমি বলো,
কি করলে থাকবে তুমি ভাল?

দেখরে বাছা,করতে হবে অনেক কিছু,
তবেই সুখ স্বাচ্ছন্দ্য সব নেবে পিছু।
পুলিশ শান্তি ফেরাতে পারে,
রাজনীতিটা যদি তাদের ছাড়ে।
দলের থেকে পৃথক যদি থাকে প্রশাসন,
তবেই তো মানুষ পাবে সুশাসন।
জানিনা এসব নেতারা কবে বুঝবে,
ওরা বুঝলেই গ্রাম বাংলার সম্ভ্রম বাঁচবে।

বাদ্যযন্ত্র

রূপে তুমি লাবণ্যময়ী,
কণ্ঠে তোমার সীতাহার।
সীমন্তে আঁকা লাল সিঁদুর,
খুলেছে তাতেই রূপের বাহার।

তুমি ছিলে কন্যা আনন্দময়ী,
হয়েছে আজ তোমার জন্মান্তর।
বিদ্যায় বুদ্ধিতে তুমি সরস্বতী,
বলোনা অযথা কথা অবান্তর।

তোমার মস্তকে লাল চেলি,
কলমে ভরে নাও নতুন কালি।
চরণযুগল তোমার রাঙানো আলতায়,
লেখো নতুন কবিতা প্রেমের খাতায়।

হাতেতে বাজে রিনিঝিনি কঙ্কন,
নতুন সংসারে করো নতুন চিত্র অঙ্কন।
তোমার বক্ষের বামে আছে হৃদযন্ত্র,
এটাই আসলে তোমার বাদ্যযন্ত্র।

সেই হৃদমাঝারে থাকুক ফুলের সমাহার,
তোমার ভালোবাসায় গড়ে তোলো সংসার।
থাকো তুমি ভালো,
থাকুক সংসার তোমার ভালো,
কটুতা, হিংস্রতাকে দিওনা প্রশ্রয় কখনও।

তুই আসতেই সব বদলে গেল

তুই আসতেই সব বদলে গেল।
বৈশাখের কালো মেঘ কেটে,
বেরিয়ে এল সূর্যের উজ্জ্বল আলো।
ভোর সত্যিকারের ভোর হয়ে উঠল,
তুই আসতেই সব বদলে গেল।

কানন উঠল নেচে,
ফুলের কুঁড়িসব উঠল ফুটে।
পাখির কলতানে ভূবন মোহিনী রূপ পেল,
তুই আসতেই সব বদলে গেল।

মরুর বুকে শীতল হাওয়া বইলো,
পথিক সব ছাওয়া পেলো।
তৃষ্ণার্তের পিপাসা মিটলো,
ক্যাকটাসেরা সব তাজা হলো,
তুই আসতেই সব বদলে গেল।

নদীতে জলপদ্ম উঠল ফুটে,
মাছেরা সব উঠল নেচে।
খুশীর ছোঁয়া অঙ্গে মেখে,
গাঁয়ের বধূ চলে নদীতে নাইতে।
নদ আর নদীর মিলনে আজ সঙ্গম হলো,
তুই আসতেই সব বদলে গেল।

পাহাড়ের বুক থেকে ঝর্ণা চলে এঁকে বেঁকে,
নিজের মনে নৃত্য ভঙ্গীমায়।
ঝর্ণা যেন ডাকছে শিশুর মতো করে,
আয় আয় আয়।

ঝর্ণার ছোঁয়ায় পাহাড় আজ শীতল হলো,
তুই আসতেই সব বদলে গেল।

পাহাড়, নদী, মরু আজ সব খুশীর মেজাজে,
সবাই খুশী শুধু তোর আসাতে।
শুধু ভয় পেয়েছে দোপায়া জীব তোর আসাতে,
তাইতো ওরা মুখ লুকিয়েছে।
সততা খেতে তেতো লাগে,
সেটা ওরা বুঝতে পেরেছে।

অভ্যাস

কতো কতো অভ্যাস নিয়ে আছি বেঁচে।
এই অভ্যাসগুলো
একান্তই আমার, শুধুই আমার।

রোজ ভোরে ঘরের মায়াবী আলোয়
তোমার স্নিগ্ধ মুখদর্শন করে জেগে
ওঠা - আমার অভ্যাস।

প্রাতঃভ্রমণে বেরিয়ে রোজ ডাক্তার
বক্সীকে তার কুশল শুধাই।
জানি, উনি ভাল আছেন তবুও এই
শুধানো - আমার অভ্যাস।

প্রাতঃভ্রমণে যখন বেরোই আমি
জানি দাদুভায়েরা ঘুমাচ্ছে,
তবুও ওদের নামধরে বলে বেরোই
"ঘুরতে যাচ্ছি, তোরা যাবি? "
ওদেরকে এই বলে যাওয়াটা - আমার অভ্যাস।

দাদুভায়েদের স্কুলের বাসে তুলে
দেওয়ার সময় ঐ ড্রাইভারের কুশল
শুধানো - আমার অভ্যাস।

ছেলে বৌমা, মেয়ে জামাই এদের
মুখে হাসি না দেখলে আমার খুব
যন্ত্রণা হয় - এটা আমার অভ্যাস।

দাদুভায়েদের শরীর খারাপ হলে

আমার ভিতরে অস্বস্তি হয় - এ আমার
অভ্যাস।

রোজ রাতে শুয়ে তোমার মাথায়
হাত বুলিয়ে দিই - এ আমার অভ্যাস।

এরকম কতো কতো অভ্যাস যা
কারোকে করে খুশী বা কারোকে
করে অখুশী।
তবু আমি এদের নিয়ে খুব খুশী।

শেখা

ভেবেছিলাম দুপুরে ডুব দেব বইতে,
হঠাৎ নাতি টলমল পায়ে থাবা দিল তাতে।
মুখে তার নানাবিধ শব্দ,
বইয়ের পাতা ছিঁড়ে করল আমাকে জব্দ।

আছে ঘরে দুরন্ত এক নাতনি,
হয়েছে সে বড় নাচুনি।
চুল দুলিয়ে কোমর বেঁকিয়ে নাচ সে দেখায়,
আসলের থেকে সুদ যে মিষ্টি বোঝা যায়।

নাতির মুখ দিয়ে ঝরে লালা,
বইয়ের পাতা ছিঁড়ে করল ফালাফালা।
আমি থাকি হাসতে দেখে ওর কান্ডকারখানা,
অতি আনন্দে সে হিসি করে ভেজাল মেঝেখানা।

নাতি আর নাতনি নিয়ে কাটছে বৃদ্ধকাল,
একটু ধমকে দুজনেই তাকায় ফ্যালফ্যাল।
ওদের মন পেতে আমাকেও হতে হয় শিশু,
জীবন যুদ্ধে শিখেছি কিছু কিছু।

অপরাধী

আজ বিচারক তুমি,
আর আমি আসামী।
প্রকৃতির নিষ্ঠুর পরিহাসে,
সমাজ আমাকে দেখে হাসে।

বিচারক বলে,
কেন তোমার এই দশা!
ছিলে তো ছাত্র ভালো,
কি হলো এমন সমস্যা?

রাজনীতি, রাজনীতি করেছে আমাকে শেষ,
মনুষ্যত্বের কিছুই আজ নেই অবশেষ।
বাবা চলে গেল কর্কটরোগে,
পরিবার পড়ল দুর্ভোগে।
মা, ছোট ভাই আর বোন
এই ছিল আমার পরিজন।

পড়া হলোনা আমার বারো ক্লাসের পরে,
সংসারের পুরো দায় আমার ঘাড়ে।
ধরলাম এক দাদার হাত চাকরির আশায়,
হাতটা ডান নাকি বাম ছিল ভাবিনি সে যাত্রায়।

মিটিং মিছিলে লোক যোগাড় করা ছিল কাজ আমার,
দিনের শেষে যা পেতাম তা দিয়ে চলতে থাকে সংসার।
রোজ তো হয় না মিটিং মিছিল,
দাদা হাতে ধরালো সাট্টার পেন্সিল।

এভাবেই হলো অসৎ পথে হাতে খড়ি,

হাতে আসতে লাগল ভাল মালকড়ি।
বোনের দিয়েছি বিয়ে এই টাকাতে,
ভাই চাকরি করে আজ ঢাকাতে।

দিল না ওরা আমাকে চাকরি,
তবে আমার রক্তে সেই দাদার হয়েছে
জমি, বাড়ি, গাড়ী।
রাজনীতির ছত্রছায়ায় ওরা শোষণ করে,
ডান, বাম সবাই পাত পাড়ে একে অপরের ঘরে।

হে বিচারক, দোষী আমি নই তা বলিনি,
তবে জীবনে কোনও নারীকে অসম্মান করিনি।
আমাকে শাস্তি অবশ্যই দেবেন,
সাথে অনুরোধ একটা রাখবেন।
ওরা সুযোগ নেয় আমাদের অসহনীয় দারিদ্র্যের,
সস্তা থেকে আরো সস্তায় দাম হাঁকে আমাদের মেরুদন্ডের।
যারা আমাদের অপরাধী বানায়,
আপনার কলম যেন তাদেরও শাস্তি দেয়।

কৃপণ বুড়ো

বুড়ো একেবারে জ্বালিয়ে মারলে,
শান্তি আর নেই আমার কপালে।
সারাক্ষণ শুধুই বকর বকর,
ঘরের বাইরে দেবে না দুই চক্কর।

রিটায়ার করে নিয়েছে মাথা কিনে,
বাজার করবে সব গুনে গুনে।
ঘরে হঠাৎ যদি কেউ আসে,
জলটুকু জুটবে গ্লাসে।

জীবনে দেখিনি এমন কৃপণ,
সারাক্ষণ রান্নাঘরে আমার পিছন পিছন।
তেল যদি একটু বেশি পড়ে যায় রান্নায়,
গলা সপ্তমে চড়িয়ে চেঁচায়।

গামছা কেনে না কতকাল,
গিঁট বেঁধে বেঁধে চালাচ্ছে চলে যতকাল।
লুঙ্গির সামনে পিছনে ফাটা,
কেনেনি কতকাল বাথরুমের ঝাঁটা।

পা দিয়ে ঘষে বাথরুম পরিষ্কার করে,
সেলাই করে করে লুঙ্গি চটি জামা পড়ে।
এভাবেই মারছে আমাকে জ্বালিয়ে,
চলে যাব ঠিক একদিন কোথাও পালিয়ে।

তবে একটা কথা ভেবে শান্তি পাই,
বুড়ো টা কখনও আমাকে কষ্ট দেয় নাই।
নতুন কাপড় নতুন চটি বললেই দেয় কিনে,
নিজের বেলায় বুড়ো কৃপণ হয়েছে দিনে দিনে।

মিছিল

মিছিল আর মিছিলে আওয়াজ তোলে না,
তবুও মিছিলে, মিছিলের প্রতিধ্বনি যায় শোনা।
মিছিল চেয়েছিল ক্ষুধার্তকে খাদ্য দিতে,
মিছিল চেয়েছিল কর্মহীনকে কাজ দিতে,
মিছিল চেয়েছিল স্বাস্থ্যহীনকে সুস্বাস্থ্য দিতে,
মিছিল চেয়েছিল শিক্ষার আলো ছড়িয়ে দিতে।

আজ মিছিলের শহীদ বেদিতে
একটা মোমবাতিও জোটে না।
সেদিন মিছিল ছিল মিছিলের সামনে,
দাবী ছিল খাদ্য সমবন্টনের, সুশিক্ষার,
সুস্বাস্থ্যের, নবীনদের চাকরি, নারীদের সম্মান,
বুর্জোয়া পুলিশের গুলিতে মিছিল রাস্তায় লুটিয়ে।
রক্তকরবী হাতে এলো সাম্যবাদের সরকার,
হয়নি পরিবর্তন তেমন কিছুই,
লড়াই আজও দরকার।

লড়াই চলছে, লড়াই চলবে।
মিছিলের মা কাঁদতে কাঁদতে অন্ধ হয়েছে,
মিছিলের বাবা মিছিলে হাঁটতে হাঁটতে পঙ্গু হয়েছে।
মিছিলের শহীদ বেদিতে আজ শ্যাওলা জমেছে,
শ্যাওলাতে লেখা হয় প্রতিদিন মিছিলের নাম,
মিছিলের মায়ের যন্ত্রণার অশ্রুতে।

মিছিল আজও হচ্ছে,
মিছিলের কুটিরের সামনে দিয়েও মিছিল যায়,
দিতে হবে, করতে হবে, ছাড়তে হবে ধ্বনির মাঝে
মিছিলের ধ্বনি মিলেমিশে একাকার হয়ে যায়।

যতবার মিছিল যায়, মিছিলের বাবা ততবার
নতুন নতুন ভাবে পঙ্গু হতে থাকে,
মিছিলের মায়ের চোখ আরো
কোটরে প্রবেশ করে।

প্রতিদিন এক নতুন ভোর হয়,
আমরা পাই নতুন বিচিত্র সকাল।
প্রতি সকাল জন্ম দেয় এক নতুন মিছিল,
জন্ম দেয় এক নতুন মিছিলের বাবা ও মায়ের,
ঠিক তখনই বন্দুকে ভরা হয় একটা বুলেট,
শাসকের নামে, মিছিলের নামে।

কি করে বুঝি

সত্য, মিথ্যা, ন্যায়, হিংসা
চারদিক ছেয়ে প্রতিশোধের জিঘাংসা।
আকাশে সাজানো অসংখ্য তারা
তাদেরই মাঝে আছে ধ্রুবতারা।

ধ্রুবতারাও করছে জিজ্ঞাসা
নানা কথা, ব্যথা ভরা আশা।
স্ত্রী, পুত্র, কন্যা, আত্মীয়, স্বামী
সবারই ভবিষ্যৎ জানে অন্তর্যামী।

সূর্যোদয়, সূর্যাস্তের নিয়মে চলে না জীবন
যে ছিল পর, হয়ে যায় আপন।
জীবনের প্রতি পদে আছে দ্বিধা আর শঙ্কা
না পাই খুঁজে রামরাজ্য, না পাই রাবণের লঙ্কা।

অদ্ভুত দেশ আমার এই ভারত
মন্দির, মসজিদ, গীর্জায় চলে মানত।
যে ফলায় রক্ত দিয়ে ফসল
খালি পেটে তার হয় অম্বল।

ভিক্ষার ঝুলি খালি থাকে
মন্দির, মসজিদে, গীর্জায়,
পানশালার পথে,
সেই ঝুলি ভরে যায়।

সবাই এখানে যেন নেশাগ্রস্ত
কাম, ক্রোধ, লোভ আর হিংসায় অভ্যস্ত।
তার মাঝেই আছে কিছু মানবিক মুখ
সেই মুখের মাঝে সবাই খোঁজে সুখ।

এসো উপড়ে ফেলি

ভাবলাম শীতের সোনালি রোদে নিজেকে একটু সেঁকে নেবো,
কাল রাতে ভেবেছিলাম জ্যোৎস্নায় নিজেকে একটু প্রেমে ডোবাবো,
কিন্তু পারলাম কোথায়? পারলাম না।
চারদিকে অন্ধকারের ঘনঘটা।
মানুষের বিবেক ভেঙে তছনছ করছে,
তছনছ করছে কিছু মৌলবাদী।
সব ধর্মের মাঝেই থাকে মৌলবাদী,
এরা মানুষের বিবেক নিয়ে খেলা করে।
হিন্দু, মুসলমান,খ্রিস্টান, শিখ, বৌদ্ধ
সব সম্প্রদায়ের মধ্যেই লুকিয়ে থাকে মৌলবাদী।
এদের চিনতে পারা খুব মুশকিল,
তাইতো এরা মানুষের বিবেকে মারে কিল।
মৌলবাদী দেখতে মানুষের মত,
কাজকর্ম পশুর থেকেও ভয়ংকর।
এরা বিবেকের মৃত্যু দূত,
এরা ধ্বংসের ঠিকাদার।
এরা সমাজের বন্ধন ভাঙে,
আত্মীয়তার ভিত গুঁড়িয়ে দেয়।
দেশে অস্থিরতা আনে মৌলবাদ,
এরা বহন করে মৃত্যুর ফাঁদ।
এরা শিক্ষিত হয়েও অশিক্ষিতের মতো
আচরণ বহন করে সমাজ ধ্বংস করে,
সময় এসেছে সোনালী রোদের সেঁক আর
রাত জ্যোৎস্নার প্রেম উপেক্ষা করে ওদের উপড়ে ফেলার।

মিথ্যা দিয়ে ঢাকা

সকাল থেকে সন্ধ্যা হলো
পথের শেষ কোথায়?
খুঁজে খুঁজে জীবন হলো সারা
সত্য তুমি কোথায়?

মিথ্যা হলো জনম আমার,
মিথ্যা আমার ভালবাসা।
মিথ্যা দিয়ে মিথ্যা ঢাকতে,
জীবন হলো সারা।

মিথ্যা আমার স্বাধীনতা,
মিথ্যা আমার মানবিকতা।
সত্য আমার হিংসা আর নিষ্ঠুরতা,
সত্য আমার পরশ্রীকাতরতা।

আনন্দেতে জন্ম আমার,
দুঃখ, ক্ষুধা আমার সাথী।
মনের মানুষ বেড়াই খুঁজে
বিবেকটা মুখোশে ঢাকি।

সত্য, মিথ্যা, ঢাকাঢাকি
এই জীবনের খেলা।
খেলতে খেলতে গেল কেটে
সারা জীবনবেলা।

ডাকছে মায়া, ডাকছে চিতা
কার কাছে যে যাই?
ডাকছে কলম, ডাকছে খাতা,
লেখা হয়ে যেন আমি
সবার মাঝে রই।

কাঁটাতার

কত বছর পেরিয়ে গেলো,
পারিনা রহিম চাচাকে
পা ছুঁয়ে প্রণাম করতে।
কত বছর হয়ে গেলো,
রহিম চাচার,
আদর পাইনা প্রাণভরে।

এই চাচার হাত ধরে,
ছেলেবেলায় কত ঘুরেছি পদ্মার পাড়ে।
তারপর, আমি যখন একটু বড়,
তখন কোথা থেকে কি যেন হয়ে গেলো,
আমরা দুজন দৈহিক ভাবে আলাদা হতে হলো।

যদিও আমরা দুজনেই পূব আকাশে
একই সূর্যকে দেখি,
রাতের আকাশে দেখি একই চাঁদকে,
তবুও আমরা পারিনা ছুঁতে একে অপরকে।

আমরা দুজনেই থাকি কয়েক যোজনদূরে,
কিন্তু চাচাকে ছুঁতে পাসপোর্ট ভিসা লাগবে।
সেগুলো না থাকলেও,
যাওয়া যাবে চাচার কাছে,
চুরি করে, আইন ভেঙে, তারকাঁটা পেরিয়ে।

ঐ তারকাঁটা, যা দিয়ে সীমান্ত ঘেরা,
আমার হৃদয়ে রক্ত ঝরায়,
পাংশু মুখে অব্যক্ত যন্ত্রণায় ছটফট করি,
কিন্তু পৌঁছতে পারিনা চাচার কাছে।

পৌঁছতে পারিনা আমার প্রিয় পদ্মার পাড়ে,
আমি অতি সাধারণ জন, তাই
দেশের আইন মেনে আমি চলি,
তাই আমি কয়েক যোজন দূর থেকে
আমার চাচাকে দেখি।

কয়েক যোজন দূর থেকে
বাংলাদেশের বিজয় পতাকাকে স্যালুট করি।
কিন্তু ঐ সূর্য, চন্দ্র, তারা ওরা সব এক,
শুধু আমরাই আজ আলাদা,
মনে করায় ঐ কাঁটাতারের বেড়া।

জ্যোৎস্নায় মাখা স্বপ্ন

ওরা জ্যোৎস্না মাখে স্বপনে,
প্রেমকে ভাসায় নীল গগনে,
বেকারত্বের কষ্ট ভোলে গানে।

প্রেমে প্রেমে ভেসে চলে আপন খেয়ালে,
বনে, পাহাড়ে, জলে, স্থলে।
কতো স্বপ্ন গাঁথে নয়নে নয়নে,
হাজার স্বপ্ন মরে যায় মুক্তাবনে।

পাহাড়ের দৃঢ়তা, বন সবুজের মেলায় ওরা প্রেম প্রেম খেলে,
প্রেমের অঙ্গনে রাষ্ট্র ওদের ভাবে এলেবেলে।
দুচোখে থাকুক প্রেমের খাজানা,
জীবনের পথে,জ্যোৎস্নার আলোকে
চিনে নিক জীবনের অজানা।

একদলা অন্ধকার

প্রকৃত প্রেম যে অবিনশ্বর,
প্রেমের স্রষ্টা যে মহান আল্লা, ঈশ্বর।
আজানের পবিত্র কম্পনে প্রেম পূর্ণতা পায়,
কাঁসর আর শঙ্খ নিনাদে প্রেম পবিত্র হয়ে যায়।

এবার পড় পর্বতের প্রেমের বর্ণনা,
প্রেমিকা পর্বতের মিষ্টি ঝর্ণা।
মান আর অভিমান এখানেও আছে,
কেউ যেন কারো থেকে না হারায় পাছে।

পর্বত হয় উজ্জিবীত ঝর্ণার চলায়,
মনে হয় যেন সুরে সুরে দুজনে কথা কয়।
অভিমানে ঝর্ণা যখন শুকিয়ে যায়,
পর্বত রুক্ষ হয়ে করে হায় হায়।

গ্রীষ্মের দাবদাহে পর্বত তপ্ত হলে,
ঝর্ণা তাকে প্রীত করে তার মিষ্টি জলে।
বর্ষায় বেড়ে যায় ওদের সখ্যতা,
তাই দেখে ডালপালা মেলে বৃক্ষের আনন্দিত পাতা।

প্রেম শুধু নয় এক কাব্য,
প্রেম মনুষ্য জীবনের ভবিতব্য।
প্রেমে আছে সুধা, আছে প্রেমে অন্ধকার একদলা,
প্রেম ভীষণ কঠিন যখন ফেলে যায় একলা।

খুকি নাচ

তপ্ত দুপুর
আয় তোর পায়ে
দিই পরিয়ে জল নুপুর।

তা থৈথৈ তা থৈথৈ
খুকি আমার কই,
নাচবে খুকি মনের সুখে
জল নুপুর বাজবে সুখে দুঃখে।

আমার ছোট্ট খুকি
দেওয়াল জুড়ে ওর আঁকিবুকি।
আঁকছে কি আঁকছে কাকে
দুচোখে ওর স্বপ্ন ঘিরে থাকে।

আধো আদুরে খুকির বুলি
অনর্গল বেরোচ্ছে বুলির গুলি।
চলছে গুলি ব্যস্ত আঁকতে হাত
খুকি চায়না খেতে ভাত।

খাওয়া নিয়ে তার যত বায়না
খাবার সময় চাই হাতে আয়না।
মুখ বেঁকিয়ে মুখ কুঁচকিয়ে নানা রঙ্গ
সেসব দেখতে আয়না দেয় সঙ্গ।

নাচ খুকি নাচ আনন্দে
মুখ বেঁকিয়ে বাঁচ সানন্দে।
পৃথিবী এক রঙ্গশালা
জীবনে যায়না বাঁচা একলা।

কন্ঠ ঢাকো শব্দে

শব্দেই শব্দ ঢাকে
শব্দঢিল মেরো না মৌচাকে।
জল চলে নীচের দিকে
যেও না ভুলে রাজনীতির পাঁকে।

শব্দ করে জব্দ করার মেলা
বন্দীর বাক্ রুদ্ধের খেলা।
কণ্ঠ রোধ হয় শব্দ করে
বিচার রুদ্ধ বিচারকের বরে।

যার গেল তারই গেল
আমজনতা আবেগে ভাসল।
সারা ভারত আবেগে উঠল দুলে
বিচার পেতে বসে নদীর কূলে।

বিচারক তদন্ত আর বিচার
গণতন্ত্রের মস্ত এক আচার।
সেই আচারকে দিচ্ছে আছাড়
নানা রঙের রাজনীতির বাহার।

বলাকা

গগনে ভাসে সদা বলাকাসমূহ,
কখনও শুভ্র কখনও বা কালো।
তুমি অপরূপা কালো কুন্তলে,
অপরূপা ছোট্ট ললাটে বিন্দু বিন্দু ঘামে,
ঘাম আসে কুন্তল বেয়ে কুঞ্চিত ভ্রূ মাঝে,
ঘাম সহ নাসিকার ডগা,
যেন ঠিক বলাকামাঝে রক্তিম সূর্যের ছটা।

আলতাপায়ে নুপূরধ্বনি,
বক্ষে বাজায় উত্তেজক কাঁপুনি।
নুপুরের ছন্দে কাঁপে প্রদীপের আলোখানি,
অপেক্ষা শুধুই অপেক্ষা আসুক নিশীথরানী,
বলাকা হতে বিক্ষিপ্ত কিছু বৃষ্টি তোমার শরীরে,
বিন্দু বিন্দু ঘাম তোমার আমার পিপাসাতে,
বলাকারা হাসে,
তুমি আমি হাসি অবসন্ন শরীরে।

অরুণোদয়ের সাথে বলাকা গগনে ভাসে,
নতুন নতুন গল্পে তারা হাসে।
আমার মন গগনে তোমার হাসি মিশে
চলো বলাকায় মিশে যেতে আমরা যাই ভেসে।

আত্মহত্যা

আত্মহত্যা করতে চাও?
আমি সমাজের এক বেকার যুবক হয়েও বলছি,
না, বন্ধু আত্মহত্যা করো না, কখনও সেই চিন্তা মাথায় এনো না।

হা হা হা, ভাবছো এসব কি পাগলের মতো বলছি, তাই না?
হ্যাঁ বন্ধু, আমাকে পাগল ভাবতেই পারো,
কিন্তু ঐ আত্মহত্যা কে নিজের চিন্তার মধ্যে এনো না।

তুমি শিক্ষিত হও কিংবা অশিক্ষিত, প্রথমে তুমি একজন মানুষ, প্রকৃতির শ্রেষ্ঠ দান,
আর তোমার এই জীবনটা তোমার মায়ের দেওয়া শ্রেষ্ঠ উপহার,
তোমার মায়ের দেওয়া শ্রেষ্ঠ উপহারকে ধ্বংস করার অধিকার তোমার নেই বন্ধু।

বন্ধু, আত্মহত্যা তো আমিও করতে চেয়েছিলাম।
দরজা বন্ধ করে ছিলাম, হাতে ছিল বিষ।
জীবনের সংঘর্ষে ক্লান্ত হয়ে পড়েছিলাম,
অবজ্ঞা আর অবহেলায় আমি নিজেকে কীট সম ভাবতাম।
আমার অস্তিত্ব আমার কাছেই অবহেলিত হতো,
মনে হতো পৃথিবীর সব সব ঘৃণা আর অবহেলায় আমি জর্জরিত।
বিষটা মুখে দিতে গিয়েই মনে হলো, এরপর কি হবে?

আমার বিবেক বলে উঠলো, কি আবার হবে?
তোর মা কাঁদতে কাঁদতে পাগল হবে,
তোর মৃত্যুর খবর পেয়ে তোর বাবা কারখানা থেকে হাঁপাতে হাঁপাতে ঘরে ফিরে একদৃষ্টিতে তোর মৃত মুখপানে চেয়ে নিজের অদৃষ্টের মুন্ডপাত করবে।

তোর বোন,পরীক্ষার খাতা ফেলে রেখে ঊর্দ্ধশ্বাসে দৌড়ে ঘরে ফিরে মূর্ছা যাবে।
নে নে খেয়ে নে, দেরি করছিস কেন?

এর পরেই, কে যেন বলে উঠল, তোর কোনও অধিকার নেই মায়ের দেওয়া শ্রেষ্ঠ উপহার কে শেষ করে দেবার।
চমকে উঠলাম আমি, ঘামে জামা ভিজে গিয়েছিল, বিষ ধরা হাত থরথর করে কাঁপছিল।
কাঁপতে কাঁপতে হাত থেকে বিষটা পড়ে গেল।

কিছু পড়ে যাওয়ার আওয়াজে মা এসে ঘরে ঢুকলো,
মা কে দেখেই নিজের অন্যায় বুঝতে পারলাম।
এরপর, কোনও নেতা নয়, নেত্রী নয় নিজের উপর ভরসা করতে শুরু করলাম,
ভালোবাসতে শিখলাম মায়ের দেওয়া, পিতার সাজানো,বোনের স্নেহে বেড়ে ওঠা এই জীবনটাকে।

উঠে দাঁড়াও বন্ধু, লড়াই করো
মায়ের দেওয়া শ্রেষ্ঠ উপহার কে ভালবাসো।
আত্মহত্যা করো না, কখনও না।

বিদ্বান

চল্ খোকা আজ বানাই মুড়ি
আমি হাতে পড়েছি কাঁচের চুড়ি।
মুড়ি বানাতে লাগবে বালি
বালির বদলে আছে চোরাবালি।
কাঁচের চুড়ি বাজবে রিন ঝিন
তুই নাচবি তা ধিন্ ধিন্।
চাল খাবে চোরাবালি
চোরে ভরেছে অলিগলি।
সেই চাল হবে যখন মুড়ি
সেই মুড়ি শেখাবে করতে চুরি।
তাইতো আমি চাল ভাজি না
তুই চোর হবি মানতে পারি না।
চাল না ভেজে চল্ করি গল্প
গল্প থেকে শিখবি অল্প অল্প।
শেখার কোনো শেষ নাই
আমি শিখি যেখানেই যাই।
তোকে হতে হবে না বিত্তবান
তবে হতেই হবে বিদ্বান।

চল খোকা

চল খোকা চল
মেরুদণ্ডে হবে বল।
পা'য়ে হবে শক্তি
মনে থাকে যেন দেশভক্তি।
মা'কে মানবি ভগবান
সমাজের সবাই নয় শয়তান।
পথ চলবি যত শিখবি তত
দূরে যাবে চলে হিংসা দ্বেষ যত।
জাতপাত বড় কথা নয়
মানবতা সবার বড় হয়।
যাকে যেমন সাহায্য করবি
সবাইকে মানুষ বলে ভাববি।
অহংকার থেকে থাকবি দূরে
এটাই মানুষকে ধ্বংস করে।
চল পা'য়ে পা'য়ে চলি এগিয়ে
মানবতার আলো আনব ফিরিয়ে।

হারিয়ে যেও না

কাটিয়েছি কত রাত
শুধু তুমি তুমি তুমি করে
স্বপ্ন দেখতে গিয়েছি ভুলে
শুধু তুমি তুমি করে।

কেন চলে গেলে
কি গেলে রেখে
জোনাকি শুধায় আমায়
বলো কি বলে বোঝাই তাদের।

কি ছিল তোমার চাওয়া
আমি তো স্বপ্নকে করেছি ধাওয়া
তবুও কেন চলে গেলে
জোনাকিদের কিছু না বলে।

সকাল সাঁঝে তোমাকেই চেয়েছি
স্বপ্নের নাভিপদ্মে চুম্বন এঁকেছি
আমার সবুজে তোমাকে রাখতে চেয়েছি
কেন বলো তবে তোমাকে হারিয়েছি।

জোনাকিরা দোষ দেয় আমাকে
চিনতে নাকি পারিনি তোমাকে
বৃষ্টিতে ভিজেছিলাম একসাথে দুজনে
তবুও চিনিনি আমরা একে অপরকে।

রাত কাটে নির্জনে
জোনাকিদের নিবেদনে
এস ফিরে রাঙা চরণে
যেও না হারিয়ে অভয়ারণ্যে।

অনুভব

অনুভবে সাদা হলো কেশ,
কিছু বলতে গেলেই লোকে বলে,
চুপ করো, আহা বেশ বেশ।

চায়ের দোকানে গেলেই লোকে বলে,
ঐ আসছে জ্ঞানদা,
পরিচর্যা ছাড়া গাছে কি ফল ফলে?

বেলা বয়ে গেল অনুভব চেখে,
নানা স্বাদে সেসব ভরপুর,
তিক্ত অনুভবের স্বাদ কেউ না চেখে দেখে।

জীবনে কখনও পারিনি মেলাতে
লাভ ও ক্ষতির হিসাব
সেসব নিহিত আছে শুভ্র কেশেতে।

এসেছিলাম ধরণীতে বিনা অনুভবে,
কেটেছে দিন কখনও শূন্য পাতে,
আরও কিছু পেতে ফিরে যেন আসি ভবে।

কালো আর কাঁটা

মাছের কাঁটা, গোলাপ কাঁটা
কাঁটা হরেক রকম।
মাছের কাঁটা বিঁধলে গলায়,
গলাকে করে জখম।
গোলাপ কাঁটা বিঁধলে হাতে,
রক্ত অনেক ঝরায়।
প্রেমের কাঁটা বিঁধলে চোখে,
হৃদয়ে রক্ত বয়ে যায়।

কালী কালো, কয়লা কালো
কালোর নানা ধরন।
কালো মেয়ে করলে বিয়ে, লোকে বলে,
হয়না কেনো তোর মরণ।
কালো হরিণ অনেক দামী, মারো যদি তারে,
পুলিশ তোমায় পাঠাবে কারাগারে।
রাত যে কালো, কালো অন্ধকার,
এই কালোই হলো সৃষ্টির আধার।

কালো নিয়ে, কাঁটা নিয়ে বলবো যতো
বাড়বে ততই কথা,
কালী মায়ের আশীষ নিয়ে
দূর হোক মনের ব্যাথা।

সময়

সে এক সময় ছিল,
কারো কারো হাতে ঘড়ি ছিল।
সবার হাসিখুশী মুখ ছিল,
সময়, সবার কাছে ছিল।

সে এক সময় ছিল,
যৌথ পরিবার ছিল।
সুখে দুঃখে একে অপরের সাথী ছিল,
সময়, সবার কাছে ছিল।

সে এক সময় ছিল,
দাদু ঠাকুরমার ছোঁয়া ছিল।
ভূত আর রূপকথার অনেক গল্প ছিল,
সময়, সবার কাছে ছিল।

সে এক সময় ছিল,
উনুনের ধোঁয়া ছিল।
চা দিয়ে রুটি খাওয়া ছিল,
সময়, সবার কাছে ছিল।

সে এক সময় ছিল,
সুস্বাদু ফেনা ভাত আলু সেদ্ধ ছিল।
বড়দের শাসন ছিল,
সময়, সবার কাছে ছিল।

সে এক সময় ছিল,
স্কুলের নামে সম্ভ্রম ছিল।
শিক্ষকের বেতের ভয় ছিল,

সময়, সবার কাছে সম্মানের ছিল।

সে এক সময় ছিল,
ধর্ম ভেদে সব এক ছিল।
ধর্মীয় মেরুকরণ দুঃস্বপ্ন ছিল,
সময়, সবার আপনার মতো ছিল।

নায়িকার হাহাকার

আমি মৃত্তিকা, সিনেমার নামজাদা নায়িকা,
সাধারণের ধরাছোঁয়ার বাইরে আমি।
ছোটবেলা আমি ছিলাম বাবার আদরের দুলালী।
নিজের মনেই গান গাইতাম,
ঘর জুড়ে নাচতাম,
বাবার গলা জড়িয়ে বায়না করতাম,
বায়না পূরণ হলেই,
খিলখিলিয়ে হাসতাম।

বাবা বলতেন,
তোকে আমি সারাজীবন
এইরকম খুশী দেখতে চাই,
ঝর্ণার মতো হাসবি,
নদীর মত কলকলাবি।
তবে হ্যাঁ,
এই খুশী বা সুখ
অর্থ দিয়ে কেনা যায়না রে মা,
কেনা সুখে সুখ পাবিনা,
কেনা সুখে একটা সুখের আবহ পাবি।

আজ বাবা নেই, প্রাচুর্যে মানুষ আমি,
মায়ের কথা
আজ মনেও পড়েনা,
পড়াশোনা, মডেল, আজ অভিনেত্রী।

হ্যাঁ, আজ আমি নায়িকা,
আমার পিছনে প্রযোজকদের লাইন,
অর্থ আজ আমার পিছনে দৌড়ায়

দৌড়াতে দৌড়াতে অর্থও হাঁপিয়ে যায়।
নামকরা নায়কেরা
আমাকে নায়িকা হিসাবে পেতে,
স্বপ্ন দেখে রাত কাটায়।

আর, আমি বাবার কথা মনে করে
রাত জাগি সুখের আশায়।

আমার সব আছে
অর্থ আছে, যশ আছে,
গাড়ী, বাড়ি, গহনা সব আছে।
আর আছে বুকের ভিতরে মস্ত এক শ্মশান।
সেই শ্মশানে রোজ
আমার ইচ্ছেগুলো ভস্মীভূত হয়।
আমি ধীরে ধীরে নিদ্রায় আচ্ছন্ন হই,
ততক্ষণই নিদ্রায় আচ্ছন্ন থাকি,
যতক্ষণ নেশা সজাগ থাকে।

আসলে নায়িকা মানেই ইচ্ছামৃত্যু,
আমি যা চাইবো সব পাবো।
কিন্তু, যে ভাবে চাইবো তা পাবোনা।
আমি যেখানে খুশী যেতে পারবো,
কিন্তু যেভাবে যেতে চাইবো,
সেভাবে যেতে পারবোনা।

আমি খোলা আকাশের নীচে দাঁড়িয়ে
সবার সাথে তারা গুনতে পারিনা,
জ্যোৎস্না রাতে সাধারণের সাথে মিশে
চাঁদের আলোয় স্নান করতে পারিনা।
গঙ্গার হাওয়া খেতে খেতে
একলা হেঁটে যেতে পারিনা।

কচিকাঁচার সাথে বনভোজনের আনন্দে
নিজেকে মেলে ধরতে পারিনা,
হঠাৎ রাস্তায় দাঁড়িয়ে
ফুচকার স্বাদ নিতে পারিনা।

এমনকি রাস্তায় চলতে চলতে
কারো সাথে বন্ধুত্বটুকুও করতে পারিনা।
এত পারিনা এর মালা আমার গলায়,
এই মালায় শ্বাস বন্ধ হয়ে আসে,
নেশায় সেই শ্বাস আবার ফিরে আসে।

আমাকে পেতে চায়,
ছিঁড়ে টুকরো টুকরো করতে অনেকেই চায়, এমনকি বিয়েও করতে চায়।
কিন্তু, আমি জানি ওরা শুধুই
আমার শরীর চায়।
ওরাও তো স্ট্যাটাস মেনে চলে,
ওরা জানেনা আদর কাকে বলে।
এই আদর আমি আজও পাইনি
আমি নায়িকা হয়েও আজ এক ভিখারিনী।

লাশকাটা ঘর

মানবতা তলানিতে, বিবেক যাচ্ছে মরে
ওদের সাথে দেখা হবে লাশকাটা সেইঘরে।
স্বাধীনতা ডুকরে কাঁদে, লুকিয়ে তার মুখ,
সমাজের চারদিকে আজ অসুখ।
অসুখ ছেয়ে চারদিক, দুশ্চিন্তায় মানুষ মরে,
হয়তো সুখের সাথে দেখা হবে লাশকাটা ঘরে।

বাড়ছে বেকার, বাড়ছে সংখ্যা মুখোশের,
বিক্রি বাড়ছে মুখোশের, এটাই চিত্র ভারতের।
নেই শিক্ষা, নেই স্বাস্থ্য, নেই বাসস্থান,
মানুষের সাথে কুকুরের একই অবস্থান।
খুঁজছে মানুষ সুখ, হা হুতাশ করে,
সুখের সাথে হবে দেখা হয়তো লাশকাটা ঘরে।

কুসংস্কার ছেয়ে এখনও সমাজে, পণের নামে মরে,
দিয়েও পণ, শান্তি নেই, মেয়ের বাবা কি করে?
আঁচলে মা মোছে নয়ন, মেয়ে জ্বলে মরে,
সুখের সাথে হবে দেখা লাশকাটা ঘরে।

স্বাধীনতার মানেটা বুঝিনি, শুধুই চাই পেতে,
পেতে গেলে আগে কিছু হয় দিতে।
স্বাধীনতা তুমি ধরা দাও স্বরূপে, থেকোনা দূরে,
চাইনা পেতে তোমাকে লাশকাটা ঘরে।

আমি পলা

মেয়ে আমার ছিল বেশ ঘরের কোণায়,
মনটা তার বরাবর ছিল পড়াশোনায়।
মায়ের কথা শুনত সে মন দিয়ে,
করতো না সে বেয়াদপি তার মনটা নিয়ে।

নিয়ম করে স্কুলে যেত আমার মেয়ে,
পাড়ার কিশোরেরা দেখত চেয়ে চেয়ে।
হয়তো কেউ দেখত বোনের কথা মনে করে,
কেউ হয়তো দেখেছে প্রেমিকা ভেবে নয়ন ভরে।

ওরা করেনি কখনও অসভ্যতা,
ওদের ব্যবহারে ছিল না উগ্রতা।
হঠাৎ প্রতিবাদ শব্দ জন্মায় মেয়ের মাথায়,
শক্তিকে সে জাগিয়ে তোলে মনের কোণায়।

কিছু বছর পরে হাত ভরল তার প্রতিবাদের পুরস্কারে,
ছিন্ন ভিন্ন রক্তাক্ত শরীরটা তার ভেসেছিল পুকুরে।
শাসক, বিরোধী শুরু হলো তুমুল লড়াই,
জিজ্ঞাসা কেউ করলো না আমি কি চাই।

বসল নানা কমিশন,
ছিল না যাদের কোনও ভিশন।
বছরের পর বছর কেটে গেল,
ধীরে ধীরে শাসক আর বিরোধী কণ্ঠ এক সুর পেল।

অনেক অনেক মিছিল হলো,
মোমবাতির আলোয় পথও বদলালো।
আমি মেয়ের মা, নাম আমার পলা,
আজ আমি একা, একেবারে একলা।

খাদ

চারদিকে হইচই,
হচ্ছে প্রকাশ নতুন নতুন বই।
মাঠে দোলে কাশফুল,
লেখকেরা নতুন বইতে মশগুল।

কেউ লেখে গল্প,কেউ বা কবিতা,
সনদ পেয়ে আনন্দে বিভোর,
কবিতা আর সবিতা।
চারদিকে প্রকাশক পেতেছে ফাঁদ,
সমাজের চারদিকে ব্যবসার খাদ।

টাকা চাই, চাই টাকা,
সব ভুল টাকায় হবে ঢাকা।
নতুনেরা ছুটছে একটু নাম পেতে,
ভয়ে সাহিত্য হচ্ছে স্যাঁতসেতে।

ভুলভাল,ছাইপাশ, সব হবে ছাপা,
টাকা ফেলে এগিয়ে চলো এক এক পা।
যারা সত্যিই করে সাহিত্যের সাধনা,
লেখা ছাপতে তারা কখনও টাকা দেবে না।

তাদের ধৈর্য্য, তাদের সাধনা,
সমাজকে দেখাবে আয়না।
হচ্ছে প্রকাশ এতো এতো বই,
সবিতা, কবিতা লোকের মুখে
তোমাদের নাম কই?

শত শত সাহিত্য গ্রুপ সাথে যশের হাতছানি,

এরা খাচ্ছে সাহিত্যকে ঠকিয়ে, মানি বা না মানি।
লেখে যারা তারা ভাবে বই প্রকাশেই খ্যাতি,
বোঝে না লেখোয়াড়, এসব ওদের বজ্জাতি।
বন্ধ হোক লোভ দেখানোর এই খেলা,
টাকার বিনিময়ে বই প্রকাশের অসৎ ব্যবসা,
বন্ধ হোক চিরতরে এইবেলা।

কাশফুল

ও পাড়ার মঈনুল,
শরতের সকালে দেখে কাশফুল।
এ দেখায় কি আছে কোনও ভুল?
কাশফুলে মঈনুল খুঁজে পায় জীবনের কূল।

এই কথা যেই রটে যায় পাড়ায়,
বসে যায় কতো কে কাশফুল পাহাড়ায়।
মঈনুলের নাকি নেই কাশফুলে অধিকার,
শরতের কাশফুল নাকি নয় যে সবার।

মঈনুল কাশ দেখে ঘরের ছোট্ট জানালা দিয়ে,
জীবন জুড়ায় তার কাশের সৌন্দর্য নিয়ে।
কাশ সব দোলে ধীরে ধীরে,
মঈনুল আঁকে তা মনের নীড়ে।

একদিন বন্ধ করে ওরা সেই ছোট্ট জানালা,
মঈনুলের বন্ধ হয় কাশের সাথে কথা বলা।
চোখ বুজে মঈনুল দেখে কাশফুল হাসছে,
দুহাতে মঈনুল কে জড়িয়ে দুজনে বাতাসে দোল খাচ্ছে।

মানব সেবা

রুটি দেবে মা, রুটি,
করুণ আঁখি, ক্ষুধায় লুটোপুটি।
মন্ডপে মন্ডপে বাজছে কাঁসর ঘন্টা,
হচ্ছে মায়ের আরতি, ক্ষুধায় কাতর ওর পেটটা।
চারদিকে ফলমূল, সাজানো রকমারি ভোগ,
মায়েরই সন্তান তবুও ওর কতো দুর্ভোগ।
নতুন নতুন জামা কাপড়ের অজানা গন্ধ,
ওকে দূরে ঠেলে সব, ওর গায়ে ক্ষিদের দুর্গন্ধ।
চারদিকে মোবাইলে উঠছে সেল্ফি, করছে কলরব,
এক টুকরো রুটির অভাবে ও হতে পারে শব।
আমরা চলেছি পিচ্ছিল পথে, অচেনা গহ্বরে,
মানুষ হয়ে মানুষের সেবাই বাঁচাতে পারে সবারে।

আমার একতারা

আকাশে কোটি কোটি তারা,
যদি পারতাম বানাতে
তারাদের নিয়ে আমার একতারা।
একতারায় বাজাতাম মানবতার সুর,
সেই সুর পৌঁছে যেতো দূর থেকে দূর।

বোনটা আমাকে বলতো হেঁকে,
কি করিস দাদা একতারা নিয়ে?
আমিও তুলবো বাঁচার সুর একতারাতে,
বিশ্বের কোথাও যেন কেউ
না হয় ধর্ষিত দিনে কিংবা রাতে।

কোজাগরী পূর্ণিমার চাঁদের আলোয়,
একতারার সুরে সৃষ্টি হতো মানবতার বলয়।
সেই বলয়ে গাইতো সবাই মানবতার গান,
মিশে যেতো কৃষ্ণধ্বনি আর আজান।
বোন বলতো, সুর তুলবো আমি একতারাতে,
তুমি ডুবে থাকো শুধুই তোমার কবিতাতে।

আমি বলতাম, দুয়ে মিলে তুলবো সুর,
আমার কবিতা আর তোর সুর যেন না হয় বেসুর।
সুরের ঝংকারে অসুরের শক্তি হবে শেষ,
কবিতার বাস্তবে রয়ে যাবে তার রেশ।

ঘর নেই

তোমাদের কেউ আমার মায়ের মতো,
কেউবা বোনের মতো কিংবা মেয়ের মতো।
তোমরা সবাই আজ পথে কেন?
কি তোমাদের অভিযোগ আর কি ই বা তোমাদের অনুশোচনা?

কি বললে তোমরা সমস্বরে?
তোমরা আজকে পথে ঘরের দাবিতে?
কি বললে?
তোমাদের মানে নারীদের নেই নিজস্ব ঘর,
বাপের ঘরে,বরের ঘরে সব ঘরেই নারী পর।

না, ঠিক বলোনি তোমরা।
এই বিশ্ব সমাজ নারীময়,
নারীর সুগন্ধ আজ সৃষ্টির আনাচে কানাচে।
না বাপের আছে সাধ্য,না বরের আছে সাধ্য তোমাদের ঘর দেবার।
তোমরাই সৃষ্টি করো নতুন নতুন ঘরের,
তোমাদের ত্যাগেই গড়ে ওঠে ঘর।
সাধ্য কি পুরুষের তোমাদের বানিয়ে দেবে ঘর।
তোমরা সৃষ্টির আধার,
পুরুষের অস্তিত্ব ধীরে ধীরে বেড়ে ওঠে তোমাদের গর্ভে।
যাদের তোমরাই দিচ্ছ জন্মের ছাড়পত্র,
যাদের তোমরাই দিচ্ছ পুরুষ হয়ে বাঁচার অধিকার,
তাদের ক্ষমতার বাইরে তোমাদের ঘর দেবার।
তোমাদের জন্য একজন পুরুষ জন্মায়,
তোমাদের জন্য একজন পুরুষ ঘর পায়।

তোমরা নারীরা জগদ্ধাত্রী,
তোমরা দুর্গা দুর্গতিনাশিনী,

তোমরাই কোজাগরী লক্ষ্মী,
তোমরাই মা চন্ডী,
তোমরাই মা বিপত্তারিনী।
তাইতো পুরুষ তোমাদের ঘর দিতে পারেনি।

এই বিশ্ব জুড়েই তোমাদের ঘর মা,
মা, বোনেরা,তোমরা সর্বত্র পুজ্যতে।
প্রকৃতি থেকে পুরুষ সবাই তোমাদের সাথে,
তোমাদের দয়াতেই জন্ম পুরুষের,
তোমাদের দয়াতেই আস্ফালন পৌরুষত্বের।
যাও তোমরা ফিরে ঘরে,
তোমরা দেবী বিশ্ব দরবারে।

বিস্ফোরণ

সমাজশোধনের মন্ত্র দিয়ে গেল মেয়ে,
প্রতিবাদের ধোঁয়ায় চারদিক ছেয়ে।

দেখেনি বিশ্ব অনেককাল এমন প্রতিবাদ,
শহর থেকে গ্রাম মহিলারাই সংবাদ।

দিকে দিকে জ্বলছে প্রতিবাদের মশাল,
পায়ে পায়ে পুরুষও হাঁটে,
প্রতিবাদে মহিলারা মাতাল।

শাল মহুয়ার জঙ্গলে লেগেছে আগুন,
এ আগুন সমাজে আনবে ফাগুন।

সমাজের চারদিকে আজ দুর্নীতি,
ক্ষমতায় পৌঁছেই সব হারায় নীতি।

ওরা কথা রাখে না কেউ,
তাইতো জেগেছে নারী
সাথে প্রতিবাদের ঢেউ।

মৃতদেহ নিয়ে তৈরী হয় যদি পর্ণ ছবি,
ভেজাল ওষুধের সাথে ডাক্তার হয় গাভী।

ট্রেনিং এর সাথে করবে কাজ নবাগত পুলিশ,
শাসক জনতারে বানাতে চায় ফুলিশ।

পশ্চিমবাংলা মানে নবজাগরণ,
বাংলা মায়ের হাত ধরেই হোক
প্রতিবাদের বিস্ফোরণ।

www.ingramcontent.com/pod-product-compliance
Lightning Source LLC
La Vergne TN
LVHW050945051026
849532LV00005B/1714